Éditrice : Isabelle Péhourticq assistée de Marine Tasso
Directeur de création : Kamy Pakdel
Maquette : Christelle Grossin
 – ISBN 978-2-330-05620-9
Loi 49-956 du 16 juillet 1949 sur les publications destinées à la jeunesse
Reproduit et achevé d'imprimer en juin 2016 par l'imprimerie Grafiche AZ
pour le compte des éditions ACTES SUD, Le Méjan, Place Nina-Berberova, 13200 Arles
Dépôt légal 1re édition : novembre 2015 – Imprimé en Italie

DEMAIN

Les aventures de Léo, Lou et Pablo à la recherche d'un monde meilleur !

CYRIL DION et MÉLANIE LAURENT
Illustré par VINCENT MAHÉ

ACTES SUD junior / *Éditions de l'Amandier*

Je ne sais pas si vous avez déjà parlé d'écologie avec vos parents. Moi, ça ne m'était jamais venu à l'idée. D'abord, je ne savais même pas ce que ça voulait dire. J'avais juste entendu le mot quand Papa parlait du copain de Maman qu'il appelle "l'écolo" (ça veut dire qu'il a les cheveux longs, gras, qu'il fabrique lui-même son dentifrice à l'argile et qu'il vous fait des réflexions à tout bout de champ sur les bonbons, le Coca, les baskets… Du coup je croyais qu'"écolo", c'était un peu comme une insulte, genre "gros relou"). Et puis ça m'est tombé dessus. Un mardi. Une journée noire. Le matin, en sortant de la maison, je me disais bien qu'il y avait un peu de brouillard. Mais je n'y ai pas fait plus attention que ça. À l'école, la maîtresse nous a annoncé qu'il n'y aurait pas de récréation et qu'on resterait dans la classe toute la journée. À lire des livres. À cause de la pollution. Tout le monde râlait ! Surtout Gaspard, qui est un copain et qui ne vient à l'école que pour la récré (enfin, c'est ce qu'il dit). Alors la maîtresse nous a expliqué pourquoi : aller dans la cour ce jour-là, c'était comme être dans une pièce où huit personnes fument des cigarettes en même temps. Déjà, une clope avec la fenêtre fermée, j'ai envie de m'enfuir, alors huit ! On a quand même voulu savoir d'où venait toute cette fumée, des fois que la maîtresse délirait un peu…

Et c'étaient les gaz balancés par les voitures, les camions, les avions, les usines, qui restaient coincés au-dessus de Paris à cause de je ne sais plus quoi, mais c'était vraiment grave. Non seulement ça donnait le cancer du poumon et des maladies de cœur, mais ça empêchait aussi les enfants qui avaient de l'asthme, comme Jade ou Max, de respirer. Alors on s'est calmés et, à l'heure de la récré, on a lu les livres tout pourris du CDI. Super…

À midi on n'en pouvait plus et on était trop contents de se lever pour aller à la cantine. Gaspard a couru comme un dingue et c'est lui qui a vu le menu en premier. J'avais la dalle. Il est revenu avec une tête de six pieds de long et il a juste dit : "Journée sans viande." J'avais envie de pleurer. Ils avaient mélangé tout un tas de légumes : des patates toutes grumeleuses avec des haricots verts pleins d'eau, des tomates tellement écrasées qu'on ne reconnaissait plus… Et non seulement on n'avait rien à manger, mais on a été obligés de regarder une vidéo. Interdit de parler. Je ne vous raconte pas le bazar dans la cantine. Au bout de cinq minutes (où on a quand même pu rigoler un peu) et après un gros savon du genre "vous serez tous punis et vous resterez jusqu'à 17 h 30 si vous n'arrêtez pas", on s'est assis et on a regardé le truc. C'était un peu nul, le dessin animé était mal fait, il n'y avait aucun moment vraiment marrant, mais ça m'a fait un drôle d'effet. Peut-être à cause de l'histoire de la pollution du matin.

Le film racontait qu'on tue tous les ans 65 milliards d'animaux. À peu près dix fois le nombre d'humains qu'il y a sur la planète. Pour nourrir toutes les bêtes, on rase les forêts d'Amazonie (celles où il y a tous les aras, les toucans et les singes qu'on voit dans *Rio 2*) et on fait pousser du maïs ou du soja à la place des arbres. Du coup, les animaux sauvages n'ont plus d'endroit où vivre et plus rien à manger... En plus, j'ai appris que la plupart des animaux qu'on mange (surtout les poulets et les cochons) ne voient jamais la lumière. On les enferme dans des hangars. Ils tombent malades et on doit les soigner avec des antibiotiques. Quand ils sont assez gros, on les mange... et les antibiotiques avec. Je ne sais pas qui a eu l'idée de montrer ça à des enfants à l'heure du déjeuner, mais je peux vous dire que je n'ai pas touché à mes patates en carton.

Quand je suis rentrée à la maison, j'étais partagée entre l'envie de vomir et celle de préparer un attentat contre toutes les usines de viande. À la place, je suis allée voir mon père qui était collé à son ordinateur. Il a pris un air très au courant quand je lui ai raconté ma journée à l'école. Mon père, il a toujours l'air de tout savoir. Je lui ai demandé pourquoi on laissait les gens polluer l'air et tuer les animaux. Il m'a dit que c'étaient des problèmes d'écologie, que tout le monde s'en fichait, et que ça, encore, c'était rien ! Il y avait aussi tous les animaux qui mouraient dans la nature. D'après lui, la moitié des mammifères sauvages ont disparu depuis quarante ans parce que les humains les chassent, les pêchent, rasent les endroits où ils vivent pour construire des routes et des supermarchés... Et puis, les

gaz des voitures et des usines, ça donne de l'asthme, mais ça réchauffe aussi le climat, du coup les glaciers fondent, la mer monte, des villes sont recouvertes d'eau, des gens doivent déménager par millions, il y a des tornades, des ouragans, des inondations un peu partout. Quand je vous disais "journée noire"... ! J'étais au fond du trou.

Qu'est-ce qui va se passer si on continue comme ça ? je lui ai demandé. Il m'a dit qu'on ne savait pas vraiment, mais que certaines personnes affirmaient que les êtres humains pourraient disparaître de la planète. En tout cas une partie. Mais ça n'avait pas l'air de l'empêcher de dormir...

Je m'appelle Lou, j'ai 10 ans. Mon frère Pablo a 7 ans. Il est encore un peu débile, mais quelquefois il est chouette. On a deux parents, toujours ensemble, pas toujours aimables, mais qu'on aime quand même.

Quand j'ai raconté à Pablo ce que Papa et la maîtresse m'avaient expliqué, il a ouvert des yeux tout ronds. Et je le comprends : les parents, parfois, c'est vraiment des dégénérés.

Alors on s'est dit qu'on ne pouvait pas rester les bras croisés comme des inconscients d'adultes. Il fallait qu'on fasse quelque chose. À l'heure du dîner, on s'est plantés devant Papa et Maman qui étaient affalés sur le canapé avec leurs verres de vin et des cacahuètes.

– Pousse-toi, ma chérie, on ne voit plus la télé…, a miaulé Maman.

Non, mais vous imaginez ? Ils voulaient continuer à regarder la télé !

– On voulait simplement vous informer que Pablo et moi, à partir de maintenant, on va s'occuper des problèmes d'écologie.

Je ne vous raconte pas les ricanements. Genre, ils sont mignons...

Mais on ne s'est pas démontés.

– On se dit qu'il y a forcément des gens qui ont des solutions. Donc, on va aller les voir pour leur dire d'accélérer un peu le mouvement.

– Quel genre de solutions ? nous a demandé Papa avec un sourire jusqu'aux oreilles.

– Justement, c'est là qu'on comptait sur vous. Comme vous êtes les parents, vous devez bien savoir ce qu'il faut faire, non ? Vous avez bien dû réfléchir à la question.

Et là, ce sont eux qui ne savaient plus quoi répondre ! J'étais atterrée.

– C'est bien ce qu'on pensait. Donc, puisque vous êtes lamentables, je suggère que vous veniez avec nous. Comme ça, au moins, on pourra utiliser votre carte bleue…

Ils ont commencé par éclater de rire et après, évidemment, ils n'ont pas voulu. Et l'école, et on ne peut pas partir comme ça, et on travaille, et tout un tas de bla-bla.

Alors pendant deux semaines, on a fait la grève ; quand les gens ne sont pas contents, c'est ce qu'ils font. On a fait la grève des sourires, des mercis, des bisous, du couvert, et comme ça ne suffisait pas, on a fait la grève de la parole. Ils ont menacé de nous punir si on continuait comme ça. On a trouvé un nouveau truc : le boycott. C'est quand tu refuses de faire une chose avec laquelle tu n'es pas d'accord. On a boycotté la voiture parce qu'elle envoie trop de gaz dans l'atmosphère, et on a boycotté la viande parce qu'on ne voulait pas que des animaux soient traités comme ça. Alors ils ont fait exprès de nous faire d'énormes hamburgers super juteux avec des oignons frits et du fromage fondu.

Les traîtres. Mais on n'a pas craqué. On s'est juste relevés la nuit pour manger les restes. Et au bout de trois semaines, ce sont eux qui ont lâché. Maman est venue nous voir et elle nous a dit :

– Bon, on a un peu réfléchi... On s'est dit que c'étaient bientôt les vacances et que ça ne serait pas une si mauvaise idée de partir euh... dans des endroits qu'on ne connaît pas... Enfin, de voyager un peu... Enfin, d'aller trouver des...

On leur a sauté dans les bras. Quand même, parfois, les adultes, ils sont cool...

Vous auriez vu mon père en train de préparer le voyage... Au pied de son lit, il avait des tas de guides et de livres. Le soir, il passait encore plus de temps sur Internet et toutes les cinq minutes, il criait "Lili, viens voir ça !" à ma mère, qui n'en pouvait plus.

Pablo avait préparé un sac avec tout un tas de jeux vidéo et sa console portative. Il avait aussi pris trois BD, un couteau suisse, une lampe frontale et un microscope pour étudier la faune de la jungle. Je lui ai dit qu'il ne pourrait jamais recharger sa console dans les montagnes, au fin fond de l'Afrique, au milieu de l'océan, sauf si les parents lui achetaient une petite recharge solaire. Moi, j'ai pris mes bottes, mon K-way et la couverture de survie que mon oncle m'avait offerte quand on est partis faire du camping en Vendée. Je préfère voyager léger, surtout si on doit s'enfuir parce qu'on se fait charger par un rhinocéros.

NOR

Samedi matin, c'était enfin l'heure du départ. On attendait mon père dans le salon avec nos sacs sur les genoux et nos vestes sur les épaules. Jusqu'au dernier moment, il n'avait pas voulu nous dire où on partait ; on était super excités. Il s'est arrêté au milieu de la pièce avec un grand sourire, fier comme tout.

– Les enfants, l'aventure commence. Nous partons… en Normandie !

C'est vraiment un aventurier, mon père…

Je ne sais pas si vous vous êtes déjà demandé comment ce qui est dans votre assiette y est arrivé. Moi, non. J'avais eu un aperçu assez sympa avec la viande. Les légumes, c'est à peu près aussi chouette.

Est-ce que vous auriez l'idée de manger un truc sur lequel on a versé un produit super chimique avec une tête de mort sur le bidon ? *A priori*, non.

Et vous vous demandez qui pourrait faire une chose pareille…

Réponse : à peu près tout le monde ! Tous les fruits et les légumes que vous mangez chaque jour, sauf ceux qui sont bios, ont été vaporisés par des gens habillés comme des cosmonautes (histoire de se protéger de ces produits super dangereux pour la santé…), par des tracteurs ou par des avions.

Pourquoi est-ce qu'ils font ça ? Pour tuer les insectes qui veulent manger les plantes qu'ils font pousser.

Mais si ça tue les insectes, ça ne doit pas être très bon pour nous, non ? Même s'il n'en reste qu'un petit peu sur les légumes. En plus, des fruits et des légumes, on est censés en manger au moins cinq par jour, 365 jours par an, donc ça finit par faire pas mal de produits chimiques dans l'estomac !

Tout ça, et beaucoup d'autres choses, je l'ai appris chez Charles et Perrine, les deux fermiers de l'endroit hyper exotique où Papa avait décidé de nous emmener. Chez eux, tout était beau… Il y avait de petites chaumières en paille, de vieux outils, des ânes. Ça ne ressemblait pas aux autres fermes. Ils ont un chien, plein de chats, une truite qui s'appelle Germaine, des cochons, des poneys, et il y a deux filles qui ont presque notre âge : Shanti et Fenoua. Elles ont même une plage au bord de la rivière !

La première chose qu'on a trouvée bizarre, c'est qu'au lieu de faire pousser les légumes au ras du sol, ils les plantent sur des espèces de tas de terre très longs et bien dessinés…

– Ça s'appelle des buttes, nous a dit Perrine.

– Ça sert à quoi ?

– À rendre la terre meilleure, plus fertile…

– Mais comment vous faites pour faire passer les tracteurs ? a demandé Pablo.

Lui, c'est ça qui l'intéressait. Voir des gros tracteurs. J'avais honte…

– On n'a pas de tracteur, bonhomme… Mais on a des chevaux !

Là, Pablo, ils l'ont perdu. Parce que les animaux, à part sur la console, ce n'est pas vraiment son truc.

– Viens, je vais te montrer quelque chose, lui a dit Perrine.

Elle l'a emmené près du gros tas de terre – enfin, près des buttes – et elle a plongé ses deux mains dedans. C'était tout mou. Elle en a ressorti une bonne poignée qu'elle a donnée à Pablo.

– Regarde à l'intérieur.

Il s'est mis à fouiller et il est tombé sur plein de vers de terre. Il a adoré.

– Mais pourquoi vous n'avez pas de tracteur, alors ? j'ai demandé.

– On essaie de faire de l'agriculture sans pétrole, nous a dit Charles. Donc de tout faire à la main.

Ça paraissait un peu bizarre comme idée. Si on a inventé les tracteurs, j'imagine que c'est parce que ça va plus vite qu'à la main. Et je crois que je n'ai pas dû le dire seulement dans ma tête, parce que Charles m'a regardée avec un grand sourire.

Ce qu'il nous a expliqué, c'est qu'après la guerre de 1939-1945, les gens s'étaient dit que pour produire beaucoup de nourriture, pas trop chère et le plus rapidement possible, il fallait faire pousser une seule sorte de plantes sur de grands champs tout plats, y mettre plein d'engrais chimiques pour que ça pousse plus vite et utiliser de grosses machines pour récolter. Le problème, c'est que la nature ne marche pas comme ça ; il n'y a jamais une seule sorte de plante. Sinon la terre devient de plus en plus faible, un peu comme quand on est très fatigué, et les plantes aussi. C'est pour ça qu'elles se font attaquer par des insectes ou des maladies et que les paysans mettent des pesticides pour les tuer. Mais ça tue aussi les abeilles, les vers de terre, et ça peut rendre les gens malades...

– Oh là, mais ça craint ! j'ai crié.

– Oui, ça craint parce que plus la terre est faible, plus il faut d'engrais pour que les plantes poussent, que l'engrais, on le fait avec le pétrole, que ça rejette des gaz dans l'atmosphère (comme les voitures), que ça dérègle le climat et qu'à force d'abîmer les terres comme ça, on n'est pas sûrs de pouvoir nourrir tous les humains sur la planète.

Là, c'était trop. Si les paysans aussi se mettaient à tout polluer, je ne savais plus quoi faire. On ne peut quand même pas surveiller tout le monde tout le temps ?!

– Enfin, a dit Papa, c'est quand même grâce à ce système qu'on peut nourrir le monde. On n'a pas vraiment le choix…

– C'est parti d'une bonne intention, a répondu Charles, mais aujourd'hui, ça fait trop de dégâts, il faut trouver une autre solution.

– On veut bien les connaître, les solutions, parce que ça file le bourdon, vos histoires, j'ai dit tout bas.

Alors Charles et Perrine nous ont expliqué. Dans leur ferme, ils n'utilisent pas de tracteur, pas de pétrole, pas de pesticide ni aucun produit chimique. C'est complètement bio. Ce qu'ils font, ça s'appelle de la permaculture. Ça veut dire "culture permanente" : quelque chose qui peut durer toujours parce que ça ne détruit pas la nature ; au contraire, ça la répare. Ils nous ont raconté des tas de choses, mais les trois ou quatre plus importantes étaient celles-ci :

– En cultivant comme on le fait, à la main, sur de petites parcelles, on arrive à produire à peu près dix fois plus qu'un paysan qui a un tracteur, sur la même surface.

– Ah bon ?!

Charles, ça le faisait trop rigoler de voir nos têtes de merlans qui ne connaissent rien à la nature.

– On y arrive en faisant plusieurs choses : d'abord, on passe beaucoup de temps à bien soigner la terre avec nos mains. On fait des buttes, on y met du compost pour la nourrir. Le compost, ce sont souvent des crottes d'animaux mélangées à des bouts de plantes et de nourriture qui se décomposent, et de l'eau.

– Beurk !

– Au début ça ne sent pas terrible, mais après, ça s'arrange ! Si le compost est réussi, il a un peu l'odeur du sol dans une forêt.

– Ah, tant mieux…

Je ne sais pas si Pablo avait l'intention de faire du compost, mais ça avait l'air de le passionner, tout d'un coup, ces histoires de crottes et de légumes pourris…

– Ensuite, on fait attention de ne pas piétiner la terre, sinon ça l'écrase et elle ne peut plus respirer. Elle devient dure comme un caillou.

– Elle étouffe ?

– Exactement, elle étouffe. Mais avec le compost et les buttes, la terre est pleine de petites bêtes, de petits microbes, de vers de terre qui aèrent le sol pour que les plantes poussent bien et qu'elles soient en bonne santé.

– Puis, a continué Perrine, on essaie de faire comme dans la nature : on ne plante pas une seule chose dans une parcelle : on associe les plantes entre elles. On cherche ce qui va le mieux ensemble. Par exemple, là, on a planté des tomates avec du basilic et du raisin. Le basilic a une odeur très forte, donc il repousse les insectes qui pourraient attaquer les tomates. Le raisin, lui, pousse au-dessus des tomates et du basilic, et il leur fait de l'ombre et de l'humidité pendant les grosses chaleurs de l'été. Du coup, les plantes ont moins besoin d'eau.

– Le basilic, ça remplace les pesticides chimiques ?

– Pas seulement le basilic ! Ce qu'on tâche de faire, c'est de reproduire ce qui se passe dans la nature, où les animaux se mangent entre eux pour ne pas qu'il y en ait trop à un seul endroit. Pour éviter les invasions de pucerons qui attaquent les cerisiers, il faut des coccinelles qui les mangent ; pour stopper les limaces qui attaquent les salades, il faut qu'il y ait des carabes (ce sont des insectes) ou des oiseaux, qui adorent ça... Et ainsi de suite. Mais pour qu'il y ait des coccinelles, des carabes et des oiseaux, il faut qu'il y ait de quoi manger pour eux aussi, et qu'on ne les tue pas avec des pesticides, évidemment... Donc on essaie de planter autant de variétés de plantes qu'on peut afin de créer un garde-manger pour tout le monde, comme dans la nature.

– Mais ça doit être compliqué, non ?

– On ne peut pas se contenter de planter et d'arroser avec des produits chimiques, c'est sûr. Mais c'est ça qui est intéressant !

– Et comment vous faites pour fabriquer assez de nourriture ? C'est petit, ici...

– On plante plus serré. Avec notre semoir de précision, on peut semer, sur une bande de 80 cm de large, douze rangs de carottes, douze rangs de radis et deux rangs de choux-fleurs. Du coup, là où un tracteur ne pourrait cultiver que trois rangs, nous, on en cultive vingt-six !

– Et ils ont assez de place pour pousser ?

– Oui, a précisé Perrine, on fait attention à ce qu'il y en ait juste assez. Et autour on met des arbres. Parce que les arbres, ce sont eux qui font le sol, comme dans les forêts. Avec leurs racines ils l'aèrent et ils remontent plein de vitamines pour les plantes. Et ils leur font aussi de l'ombre en été…

– Oui, enfin, c'est très bien tout ça, mais elle est toute petite, cette ferme, ce n'est quand même pas avec ça qu'on va nourrir tout le monde, il faut bien de grosses exploitations… Votre ferme, c'est pour les gens du coin, qui vont faire leur marché le dimanche, a grommelé Papa.

– On aura peut-être besoin de quelques grosses fermes, lui a répondu Charles, mais les petites ont deux avantages : on peut en mettre partout, dans les villes, autour des villes et à la campagne, ce qui permet de faire pousser la nourriture là où vivent les gens et de ne pas la faire voyager en avion ou en bateau. Et ça crée beaucoup d'emplois ! Avec nos méthodes, on pourrait remettre près d'un million de personnes au travail au lieu d'avoir des machines. Et puis, c'est un beau métier ! On est toute la journée dans un jardin magnifique…

– Oui, ça, c'est bien, mais – mon père avait décidé d'avoir raison – encore une fois, j'ai bien peur que ça ne suffise pas !

J'ai cru que Perrine allait s'énerver mais pas du tout, elle a fait un grand sourire.

– On croit souvent que ce sont les grandes fermes qui nourrissent les gens. Moi aussi je le croyais avant, mais en fait, 70 % de ce que nous mangeons sur la planète est produit par de petits paysans comme nous. Les grosses exploitations produisent beaucoup de céréales pour nourrir le bétail et pour l'industrie, mais pas tellement de nourriture pour les gens…

Je me suis dit que j'aurais bien aimé être comme Perrine plus tard : faire un truc utile et être capable de moucher les mecs qui la ramènent tout le temps…

– Moi, j'y crois à votre truc ! j'ai crié.

Mais je me suis arrêtée tout de suite parce que tout le monde s'est mis à me regarder. J'ai senti mes joues qui chauffaient et ils ont tous éclaté de rire.

– Mais j'ai quand même une question…
– Vas-y, m'a dit Charles.
– Pourquoi tout le monde ne le fait pas ?
– Ça doit être la meilleure question de la journée ! a répondu Perrine en faisant un clin d'œil à Charles.
– Parce que ceux qui gagnent beaucoup d'argent avec le système actuel bloquent tout. Ils veulent que les paysans continuent à leur acheter des tracteurs, des engrais, des pesticides tous les ans, plutôt que de faire comme nous, utiliser la nature gratuitement, sans une seule goutte de pétrole…

En repartant de Normandie, on a eu une petite conversation avec les parents sur cette histoire de pétrole et de gaz qu'on envoie dans l'atmosphère. Si c'est aussi mauvais que ça d'utiliser du pétrole, pourquoi on continue à prendre la voiture ?

D'un côté, Papa a été content que je pose cette question parce que l'endroit où il nous emmenait après, c'était là qu'on trouverait des solutions à ce problème. Mais de l'autre, il a été assez embêté parce que, pour y aller, il nous avait réservé des billets d'avion. Il a été obligé de nous avouer que l'avion, c'était pire que la voiture… J'ai fait un tel scandale que Maman lui a dit qu'on pourrait peut-être voir s'il n'y avait pas un train. Quand on est arrivés à destination, après quatorze heures de voyage, il faisait quand même un peu la gueule…

Else est vraiment super gentille. Elle travaille à la mairie de Copenhague, la capitale du Danemark. Le premier soir, on a tous mangé chez elle. Elle parle français encore mieux que Pablo parce qu'elle a fait ses études en France quand elle était plus jeune. Et le lendemain, elle nous a donné rendez-vous à 8 heures pour aller louer des vélos et faire un tour de la ville. Maman n'était pas très rassurée : elle trouvait que les gens allaient super vite et qu'on n'était pas habitués à faire du vélo au milieu des voitures. Mais Else a dit qu'ici, tous les enfants faisaient comme ça et qu'il n'y aurait pas de problème. Avec Pablo, on était trop fiers.

Quand on est sortis de l'hôtel le lendemain matin, on n'arrivait pas à y croire. Sur le pont juste à côté, il y avait un embouteillage de vélos. Tout un tas de gens allaient travailler, sauf que ça ne faisait presque pas de bruit et qu'on ne toussait pas à cause de la fumée. Et quand on a eu nos vélos, on a compris pourquoi ce n'était pas dangereux : il y avait deux routes, une pour les voitures et une autre, juste à côté du trottoir, seulement pour les vélos. Et elles étaient presque aussi larges l'une que l'autre ! Au bout de cinq minutes, on était tous en file indienne, bien rangés à droite, et on regardait tous les gens qui fonçaient à côté de nous. Certains avaient des espèces de carrioles où ils transportaient les petits, d'autres des vélos avec deux selles sur lesquels ils pédalaient en même temps...

Else nous a emmenés faire un grand tour ; on est même allés au bord de la mer voir la Petite Sirène (parce que, je ne sais pas si vous êtes au courant, mais en fait, ça n'est pas du tout Walt Disney qui a inventé cette histoire, c'est un type de là-bas... Andersen). Pendant toute la journée, on a dû croiser à peine la moitié des voitures qu'on voit à Paris, c'était dingue ! Presque tout le monde a un vélo. Papa a voulu faire son malin en disant que c'était parce que nous étions en été et qu'il faisait chaud (c'est vrai qu'il faisait au moins 15 °C...), mais Else nous a dit que même l'hiver et même quand il pleut, les gens mettent des blousons, des bonnets ou des vêtements de pluie, et enfourchent leur vélo. Et puis au bout d'un moment, à force de pédaler, tu as super chaud ! Je lui ai demandé pourquoi tout le monde faisait ça, parce que bon, le vélo, c'est vrai que c'est sympa une journée, mais quand même, c'est fatigant ; et en voiture on est mieux assis, il n'y a pas à dire.

– En ville, tu vas souvent plus vite, comme tu n'as pas besoin de te garer et que tu n'es pas bloqué dans les embouteillages. Ensuite, ça coûte beaucoup moins cher que d'acheter une voiture, de payer l'essence et le parking. Et puis c'est meilleur pour la santé !

Je ne voyais pas trop quoi répondre. Pas de gaz, pas de bruit, moins cher, plus rapide : ça tenait la route...

– Les gens ont parfois besoin d'une voiture pour transporter des choses, mais dans ce cas-là ils prennent un taxi, ils en louent une ou ils la partagent avec des amis. En plus, ici, on peut prendre le train ou le métro avec les vélos. Donc on peut aller assez loin sans jamais utiliser de voiture.

Alors on a essayé. Et en vingt minutes, on s'est retrouvés sur la plage ! Pablo était comme un dingue. En moins de deux, il a enlevé son manteau, son pull, ses chaussettes et il s'est mis à courir vers la mer. Il a mis un pied dedans et... il s'est rhabillé en deux secondes.

Devant nous, il y avait de grandes éoliennes plantées dans la mer, bien rangées les unes à côté des autres. J'ai demandé à Else qui les avait mises là.

– C'est la mairie et des habitants de la ville qui les ont achetées ensemble.

– Les habitants ont acheté des éoliennes ?

Maman avait l'air très surprise.

– Oui, a répondu Else, la moitié de celles que vous voyez (il y en avait vingt en tout). Et ça leur rapporte un peu d'argent. Comme quand on met des sous à la banque. Sauf que c'est plus utile !

Je voulais savoir pourquoi Maman faisait cette tête, alors je n'ai pas arrêté de la fixer en soulevant les sourcils.

– Vous trouvez ça bizarre ? a dit Else.

– C'est-à-dire..., a répondu Maman, que la plupart du temps, les gens dépensent de l'argent pour s'acheter des choses. Là, c'est pour la ville. Nous ne sommes pas habitués à ça.

– À Copenhague, on essaie de ne plus du tout utiliser de pétrole ni de charbon pour produire de l'électricité ou du

chauffage. Et on ne veut pas non plus de nucléaire, parce que c'est trop dangereux. Alors tout le monde participe, c'est normal.

Je vous parlerai de cette histoire de nucléaire une autre fois, mais comme dit Else, c'est très dangereux. Et je vous raconterai aussi le truc des Danois qui trouvent que tous les machins écolos, c'est "normal". Ils sont fous, ces Danois…

– À la place, on utilise l'énergie du vent qui fait tourner les éoliennes, celle du soleil avec les panneaux solaires, ou encore l'eau de la mer et des rivières, on se sert des déchets de paille ou de bois pour faire du chauffage…

– Et vous pensez vraiment que vous allez y arriver ? a demandé Papa (le sceptique de service).

– Nous n'avons pas le choix ! Nous ne pouvons pas continuer à dérégler le climat comme ça… Et puis, à force de brûler du pétrole ou du charbon, un jour il n'y en aura plus ! Alors que du vent et du soleil, il y en aura toujours… Dans dix ans, à Copenhague, on utilisera seulement des énergies renouvelables, et comme ça, on ne rejettera presque plus de gaz dans l'atmosphère. On fait ça pour nous, et aussi pour nos enfants.

J'ai jeté un regard noir à Papa et Maman.

On est dans l'avion qui nous emmène aux États-Unis ! C'est trop génial, je vais voir tous les endroits qu'il y a dans les films et dans les séries, et il paraît qu'on va aller en Californie. Peut-être que je verrai des acteurs et qu'ils me demanderont si je veux devenir actrice aussi, ou chanteuse, et si je veux rester vivre à Los Angeles... Pendant un moment, les histoires d'écologie, je n'y ai plus trop pensé. Déjà pour l'avion, on n'avait pas vraiment le choix parce que les États-Unis, c'est hyper loin, il faut traverser tout l'océan Atlantique ; le bateau, c'est beaucoup trop long et nos vacances ne durent que deux mois.

Papa avait un sourire jusqu'aux oreilles.

– Alors, tu n'as plus de question sur toutes les horreurs que les adultes font à la planète, n'est-ce pas ?

Je lui ai pincé le bras et son sourire s'est transformé en grimace.

– Si, justement ! Cette histoire d'énergie qu'on peut faire avec le vent, le soleil, tout le monde est au courant que ça existe, non ?

– Ben oui...

– Alors pourquoi tous les pays ne le font pas, comme au Danemark ?

– Mais on le fait, un peu… Seulement, avec toute l'énergie qu'on consomme, on ne pourrait pas en produire assez…

– Alors il faut consommer moins ! a braillé Pablo.

– C'est ça, a dit Maman en lui enlevant sa console des mains et en éteignant son écran. Alors maintenant, on coupe tout et on recharge les batteries. Tout le monde au dodo, sinon vous serez crevés demain pour aller à l'usine de déchets…

À l'usine de quoi ?!

Cher Gaspard,

Papa nous a finalement emmenés plus loin qu'en Normandie. On a même pris l'avion. Pablo avait trop peur quand on lui a dit qu'on volait au-dessus des nuages.
Sur le chemin de San Francisco (aux États-Unis !!!), on s'est arrêtés à Detroit. C'était complètement dingue. Là-bas, il y a des immeubles immenses et des gens qui font des potagers partout dans la ville. Ils disent que, comme ça, on n'a pas besoin de faire prendre l'avion aux tomates et d'envoyer des gaz dans l'atmosphère (tu sais, le truc qui dérègle le climat). On a goûté celles qu'ils font pousser et elles sont hyper bonnes. En rentrant, il faudra qu'on propose de faire un potager dans l'école.
Je t'écrirai bientôt, quand on sera à un nouvel endroit,

LOU

PS : Il faudra aussi que je te parle de ta console... Tu savais qu'un avatar dans tes jeux vidéo en ligne, ça consomme autant que quarante vrais Éthiopiens ?!

Robert, c'est celui qui s'occupe de l'usine de déchets. Il est américain et il ne parle pas du tout français comme Else. Lui, il dit plutôt "le voiture", ou "je suis plaisant de vous rencontrer"… Mais il adore les Français. Tous les étés il part en vacances dans le sud de la France avec sa fille, à Porquerolles. Mais Robert dit "Powquewôle". Il a une petite maison très belle, dans une rue qui monte tellement que ce n'est même pas la peine de rêver la prendre en vélo. Il y a beaucoup de rues comme ça à San Francisco, je ne sais pas comment ferait Else… Derrière, il y a un petit jardin avec des colibris partout.

Pour le déjeuner, Robert nous avait préparé des pâtes aux palourdes, puis du saumon au barbecue avec des tas de légumes. Tout était très bon. Ce qui était flippant, c'est que Robert a gardé tous les déchets du déjeuner en tas sur le plan de travail de la cuisine : les épluchures, les emballages, les coquilles de palourdes et tous les restes. Quand on a eu fini de manger, il nous a tous rassemblés autour et il a commencé à nous les montrer. Maman a traduit pour nous.

– Quand vous êtes chez vous, où est-ce que vous jetez ça ?

Il montrait les coquilles de palourdes.

– Ben, à la poubelle, a dit Pablo.

– Oui, mais laquelle ?

Là, on a eu comme un petit moment d'absence…

– Ben, la poubelle normale…, a repris Pablo.

– Et ça ?

Cette fois il nous montrait les épluchures de légumes.

– Poubelle normale, j'ai dit.

– Et ça ?

C'étaient les barquettes en plastique du saumon.

– Poubelle normale…

Il commençait à être un peu relou, son jeu. Je ne voyais pas quand ça allait devenir marrant.

– Et ça ? a redemandé Robert en tenant une bouteille en plastique vide.

– Poubelle jaune ! a crié Pablo.

Il était tellement fier qu'il nous a tous regardés en se grattant le ventre. C'est un truc qu'il fait.

– C'est kwâ, pubel jône ? a demandé Robert avec son accent américain.

– La poubelle à tri, a répondu Papa.

– Ah, très bien !

Robert avait l'air content, j'en ai déduit que ça devait être un jeu autour du recyclage, comme à l'école. Donc ça n'allait jamais devenir drôle…

– Chez nous, a repris Robert, on essaie de ne rien mettre dans la poubelle normale. Les palourdes, les épluchures, les restes de nourriture vont dans la poubelle à compost qui est verte. Tous les plastiques, les cartons, le papier, le métal vont dans la poubelle bleue pour le recyclage. Et s'il reste des choses, on les met dans la poubelle noire, celle que vous appelez "normale".

Dans le placard sous l'évier se trouvaient trois petits bacs (un bleu, un vert, un noir), qu'il a remplis et qu'il a ensuite vidés au garage, dans trois grandes poubelles aux mêmes couleurs.

– Et les gens le font ? a demandé Maman.

– Ils sont obligés. Plus ils remplissent la poubelle noire, plus ils paient pour le ramassage des ordures... Alors les gens remplissent plutôt la bleue et la verte. Il y a un hôtel dans la ville qui a économisé 150 000 euros l'an dernier, juste en triant bien ses déchets.

Papa avait l'air épaté.

– Et ce qui est dans les poubelles, où ça va ensuite ?

Là, le visage de Robert s'est éclairé et il a décidé de nous emmener faire une grande balade dans la région. Ce que Pablo a le plus aimé, c'est la voiture de Robert. Elle est hybride, ce qui veut dire que son moteur marche à la fois avec de l'essence et de l'électricité. Elle ne fait presque aucun bruit et elle rejette beaucoup moins de gaz que les voitures à essence. Pablo voulait monter devant, mais Robert ne rigole pas avec la sécurité. Alors Maman l'a pris sur ses genoux et Pablo a fait la gueule tout le trajet.

Robert a commencé par nous emmener dans la ville juste à côté de San Francisco, à Oakland, où ils ne font pas le truc des trois poubelles. Une bonne partie de leurs déchets se retrouve dans une grande décharge. C'est là qu'on s'est arrêtés en premier.

C'était comme un immense champ, rempli de milliers et de milliers de déchets. Il y en avait partout. Je n'arrivais même pas à en voir le bout. Ça sentait mauvais comme quand la poubelle est restée au soleil et qu'on met le nez dedans. J'avais envie de vomir. À différents endroits, il y avait des tas plus ou moins grands. Le plus haut faisait presque la taille d'un immeuble. Robert nous a proposé de nous approcher et de marcher au milieu des ordures. On voyait vraiment de tout : de vieux pneus, des jouets cassés et sales, de la nourriture complètement pourrie que des mouettes venaient manger (beurk), des meubles en mille morceaux, de vieux écrans de télé, des bouteilles, des barquettes et des sacs en plastique, du verre, des tapis, des vêtements, des lampes, et même du caca… Là, c'était trop !

Quand on est remontés dans la voiture (après avoir nettoyé le vomi que j'avais sur ma chaussure), Robert s'est excusé. Il nous a dit que c'était important de voir où finissaient toutes les choses qu'on jetait, mais que c'était peut-être un peu violent pour des enfants... Et après, il s'est enflammé. Il est très passionné, Robert.

– À force d'acheter des choses et de les jeter, on est en train de saccager la planète. Pour fabriquer tous ces objets, on coupe des arbres, on creuse la terre, on rase des champs… Et quand on les jette, on pollue tout ! Aujourd'hui il y a du plastique dans les sols, dans les rivières, dans la mer, ça tue les poissons, les oiseaux… Les restes de nos vieilles télés et de nos téléphones rendent des enfants malades en Afrique, où on envoie nos déchets par bateaux parce qu'on prétend qu'on n'a plus assez de place dans les décharges... Et quand on veut s'en débarrasser, on les brûle et ça réchauffe le climat !

On peut dire que j'étais 100 % d'accord. Cet endroit était un vrai cauchemar. Et question climat, on avait plutôt besoin de se calmer.

– Maintenant, on veut voir où vont les poubelles vertes et bleues, j'ai soufflé.

Robert m'a souri et il a redémarré la voiture.

Là où vont les poubelles bleues, c'est une vraie fourmilière. Il y a des dizaines de personnes en combinaison qui se tiennent autour de grands tapis roulants et qui attrapent les déchets pour les trier. À d'autres endroits, ce sont des machines qui reconnaissent les différentes sortes de plastiques et qui font un petit jet d'air pour les envoyer dans plein d'endroits différents. Il y a aussi des tas de canettes ou de boîtes de conserve, de gravats, de cartons... Quand tous ces gens ont fini de trier, ils réutilisent la matière des objets : le plastique, le métal, le papier, le verre, pour fabriquer d'autres objets. Comme ça, ils n'ont pas besoin de détruire la nature ! Pas mal, quand même...

Là où vont les poubelles vertes, c'est l'endroit préféré de Robert. C'est là qu'ils font du compost, comme chez Perrine et Charles. Tous les restes de nourriture et tout ce que les gens ont coupé dans leurs jardins arrivent en camion ; après, il y a neuf étapes pour tout retransformer en terre. C'est magique... Robert nous a dit qu'on pouvait le faire au fond de notre jardin, ou même dans de grands composteurs au

pied des immeubles, et qu'au bout d'un moment, notre nourriture allait être grignotée par des tas de vers de terre, d'autres petits insectes et des bactéries. Et qu'au bout de six mois, ça redeviendrait de la terre. Eux, ils n'ont pas le temps d'attendre six mois donc ils le font avec des machines. Ensuite, ils vendent le compost à des fermiers qui l'épandent à la place des engrais chimiques. Ça aide les plantes à pousser parce que ça remet des bactéries et des vers de terre dans le sol. Le sol aime ça – c'est déjà ce que nous avaient dit Charles et Perrine. En plus, le compost, ça fait comme les arbres, ça attrape les gaz qui réchauffent le climat et ça les stocke dans la terre. Donc ça résout pas mal de problèmes. C'est pour ça que Robert est fan de compost, et va dans toutes les villes du monde essayer de les convaincre de faire pareil.

– À San Francisco, on veut arriver à 100 % de déchets compostés ou recyclés en 2020. Là, on est déjà à 80 %...

Il paraît que nous, en France, on est plutôt à 25 %. Je ne suis pas sûre de ce que ça veut dire, sinon qu'on est un peu nuls.

Quand on est rentrés, on était tous complètement crevés et carrément dégueu. On s'est arrêtés dans un restaurant et on est allés se laver les mains et la figure aux toilettes. Pour s'essuyer, il y avait des serviettes en papier. Maman a mis toutes les siennes dans la poubelle bleue et Papa a engorgé la poubelle noire. Il n'y a que Pablo qui avait vu que ça allait au compostage. C'est pas encore gagné !

Cher Gaspard,

On vient de quitter les États-Unis et... laisse tomber, tout ce que j'ai vu ! J'ai trop de trucs à te raconter. Déjà, on pourra dire à la maîtresse que question recyclage, on est vraiment tous pourris en France. Je ne sais pas si elle s'en rend compte...
Aujourd'hui on est en Islande car Papa voulait nous montrer les volcans et les sources chaudes où on peut se baigner. On a aussi vu comment ils font l'énergie là-bas :
ils récupèrent la chaleur qui est sous la terre et ils s'en servent pour chauffer les maisons.
Et pour faire de l'électricité, ils mettent des barrages qui utilisent la force des fleuves et des rivières (ça, il paraît qu'on le fait aussi en France, mais moins).
Je ne sais pas trop ce qui m'arrive, mais depuis qu'on est partis, j'ai rien eu envie d'acheter.
J'espère que je ne vais pas rester comme ça tout le temps, ça me fait trop bizarre.
Demain on part en Angleterre, j'espère qu'on n'aura pas tout le temps de la pluie !

Salut
LOU

PS : Tu voudras jamais me croire, Pablo a décidé d'arrêter de jouer à la console !
Enfin, pour l'instant... Je te tiens au courant :-)

On était assis dans le train qui relie Londres (où on avait atterri) à Bristol (où on allait), et ce que Charles et Perrine nous avaient dit me turlupinait. Cette idée que les gens qui ont le plus d'argent peuvent tout bloquer. J'ai demandé à Papa et Maman si c'était seulement pour les fermes bios ou pour tout le reste aussi : les énergies renouvelables, le recyclage, le compost…

– Les très grandes entreprises, celles qui ont le plus d'argent, ont beaucoup d'influence sur les hommes et les femmes politiques, qui font souvent ce que les entreprises veulent…

– Et elles veulent quoi ?

– Gagner un maximum d'argent, a dit Maman. Toujours et toujours plus d'argent…

– Oui, enfin, c'est peut-être un peu simpliste de le dire comme ça…, a nuancé Papa.

– Mais je suis simpliste, mon chéri ! a répondu Maman. Comme toi, tu ne l'es pas, tu vas nous dire comment tu le dirais, de façon plus subtile…

Quand ils commencent comme ça, on peut rapidement arriver à l'incident nucléaire, donc j'ai préféré intervenir.

– Ça veut dire qu'on laisse détruire la nature, réchauffer le climat, tuer des animaux, parce que ces gens veulent gagner de l'argent ?

– C’est peut-être un peu simpliste de le dire comme ça, a répondu Maman en regardant Papa avec un sourire très large, mais oui, c’est à peu près ça.

– Disons que l’argent a beaucoup de pouvoir. On dit parfois que la finance a plus de pouvoir que les gouvernements…

– C’est quoi, la finance ? a demandé Pablo.

– Ce sont les banques, les marchés financiers… C’est un peu compliqué.

En fait, on allait à Bristol pour voir comment fonctionne une monnaie locale. Papa avait trouvé ça sur Internet ; beaucoup de gens disaient que c’était une solution vraiment géniale pour plein de problèmes de la planète, sûrement à cause de cette histoire d’argent qui est plus important que tout le reste.

Ce que Ciran (c’est un prénom irlandais) nous a expliqué sur l’argent, on a mis un petit moment à le comprendre. D’ailleurs, on a mis tellement longtemps et on n’y comprenait tellement rien qu’il a fini par nous raconter une petite histoire…

L'histoire se passe sur une île déserte. Un bateau a coulé et huit personnes s'en sont sorties : Fatia, qui est comptable (ça veut dire qu'elle sait bien compter, en gros...), Mehdi, qui est charpentier, Paul et Léa, qui élèvent des animaux (des chèvres, par exemple), Louise, maraîchère, Thomas, chercheur de minerais dans les montagnes, et Jacques et Emma, qui sont artistes.

Ils espèrent bien qu'un bateau va venir les chercher, parce que l'île est jolie, mais bon, il n'y a pas de cinéma, pas de boutique et même pas d'électricité. C'est un peu la zone... Malheureusement, personne ne vient. Alors ils commencent à s'organiser : Louise cultive des légumes, Paul et Léa attrapent des animaux pour les manger, Mehdi construit de petites maisons, Jacques et Emma écrivent des poésies...

Comme ils n'ont pas d'argent, ils font des échanges. Mais c'est vraiment compliqué parce que Mehdi, ça lui prend plus d'un mois pour construire une maison, alors qu'il a besoin que Louise lui donne des légumes tous les jours. Il faut calculer combien de salades et de tomates on peut donner en échange d'une maison, combien de poèmes contre de la viande... Et il faut trouver combien vaut le travail de Fatia qui tient les comptes de tous ces échanges : combien de maisons, de haricots et de poèmes ils pourraient lui donner ?

Au bout d'un moment, ça devient un bazar pas possible et plus personne n'y comprend rien.

Un jour, un autre bateau fait naufrage et un neuvième type arrive sur l'île. Il s'appelle Martin. On le soigne, on s'occupe un peu de lui et on finit par lui demander son métier. Coup de bol, il est banquier. Tout le monde est super content parce que les banquiers peuvent créer de l'argent.

Martin se met au travail et il découpe des billets dans de vieux draps que Mehdi a récupérés du naufrage. Sur les draps il écrit des chiffres (ils ont aussi retrouvé des stylos) et il donne à chaque habitant 200 euros. Il ne les leur donne pas vraiment, il les leur prête. Parce qu'un vrai banquier, il ne peut pas donner d'argent, il doit le prêter. En fait, il vend de l'argent – c'est ce que nous a expliqué Ciran. Quand il te prête 10, tu dois lui rendre 11 ou 12 en fonction de ce que vous avez décidé ensemble. Les 1 ou 2 euros qu'on lui donne en plus, c'est ce qui s'appelle les "intérêts". C'est comme ça que le banquier gagne son argent.

Martin leur dit : "Je vous prête 200 euros à chacun et il faudra que vous me rendiez 220. Comme ça, moi aussi je pourrai gagner un peu d'argent pour acheter vos légumes, vos poèmes..." Les huit autres repartent, tout contents. Ils signent un papier par lequel ils promettent de rembourser.

Au début ça marche bien. Avec les billets, les gens échangent de plus en plus de choses. C'est vraiment plus pratique. Mais au bout d'un moment, certains se mettent à avoir plus d'argent que d'autres, comme Paul, Léa ou

Louise qui produisent de la nourriture dont tout le monde a besoin tous les jours, tandis que d'autres en ont beaucoup moins, comme Jacques et Emma, qui font des œuvres d'art qu'on achète seulement de temps en temps. Alors ceux qui ont moins d'argent s'inquiètent. Ils se demandent comment ils vont faire pour rembourser Martin. Et en discutant les uns avec les autres, ils se rendent compte d'un truc bizarre.

En tout, Martin a fabriqué 1 600 euros (200 euros multiplié par huit habitants). Donc 1 600, c'est la totalité de l'argent qui existe sur l'île. Il n'y en a pas d'autre. Alors comment ils pourraient lui rendre 1 600 euros plus les intérêts ? En tout, ça ferait 1 760 euros (les 220 euros qu'il leur a demandés multiplié par huit habitants). C'est impossible… Les 160 euros de plus n'existent pas.

Donc ils sont trop vénères, ils vont le voir en lui disant qu'il a voulu les arnaquer. Martin essaie de les calmer en leur expliquant que c'est comme ça que ça marche, la banque ! Mais il leur dit que s'ils ont du mal à rembourser parce qu'ils n'ont plus assez d'argent, il peut leur en prêter davantage... Le mieux serait d'hypothéquer ce qu'ils possèdent. Hypothéquer ta maison par exemple, ça veut dire que la banque te prête autant d'argent que l'argent qu'elle vaut, et si tu n'arrives pas à rembourser plus tard, ta maison appartiendra à la banque.

Et c'est à ce moment-là qu'ils comprennent que toute l'île va appartenir à Martin s'ils n'arrivent pas à rembourser les intérêts. Et qu'il y a de grandes chances que certains

d'entre eux n'y parviennent pas, puisqu'il n'y a pas assez d'argent pour tout le monde.

Alors ils se réunissent, décident de rendre les bouts de draps dont personne n'a vraiment besoin (en tout cas, pas autant que des légumes, des maisons et des poèmes) à Martin, et de ne plus jamais avoir de banquier !

Ce qu'on a fini par comprendre avec l'histoire, c'est que celui qui a le pouvoir de créer l'argent a le pouvoir de commander tout le monde ! C'est ce qui se passe aujourd'hui.

Ciran a essayé d'expliquer autrement :

– En réalité, il y a beaucoup d'argent qui circule dans le monde. Mais cet argent profite à très peu de personnes. À cause du système des intérêts, ceux qui ont beaucoup d'argent vont en avoir toujours plus, et les autres toujours moins.

– Pourquoi ? a demandé Pablo qui n'avait toujours rien compris.

– Si je suis plus riche que toi et que tu as besoin que je te prête 10 euros... Et si je te demande, avec les intérêts, de me rendre 12 euros au lieu de 10, à la fin, je serai encore plus riche qu'au début, tu es d'accord ?

– Heu... oui, t'auras 2 euros de plus...

– Et toi, tu auras non seulement dû me rembourser les 10 euros (que tu n'avais pas) mais tu auras dû trouver encore 2 euros. Et ces 2 euros, il aura fallu que tu les prennes à quelqu'un.

– Comment ça ? Il faudra que je les vole ?

Là, j'ai vraiment cru que Ciran allait rigoler. Mais non, il était hyper sérieux.

– Non, tu vas essayer de les gagner, par exemple en lavant la voiture ou en passant l'aspirateur. Mais quand tu vas les gagner, tu les prendras à quelqu'un, puisqu'il n'y a pas assez d'argent pour tout le monde.

– Ben, je croyais qu'il y en avait plein…

– Tu te souviens, dans l'histoire, quand Martin avait coupé 1 600 euros de billets mais qu'il demandait qu'on lui en rende 1 760 ?

– Oui…

– Eh bien, dans la vraie vie, c'est pareil : la banque crée l'argent qu'on lui emprunte, mais pas les intérêts. Comme il n'y a pas assez d'argent pour que tout le monde rembourse, les gens doivent se battre (c'est une façon de parler) pour récupérer de quoi rembourser leurs intérêts. Mais il y a forcément d'autres gens qui n'y arriveront pas.

– Mais comment ils vont faire ?

– Ils vont encore emprunter. Et à force de faire ça depuis des années, il y a quelques personnes qui ont beaucoup, beaucoup d'argent, et beaucoup, beaucoup de personnes qui n'en ont pas. Dans le monde, il y a quatre-vingt-cinq personnes, des milliardaires, qui ont, à elles seules, autant d'argent que la moitié des humains sur Terre.

– C'est possible, ça ?

– Oui, c'est comme ça que ça se passe… Et comme tout le monde a besoin d'argent, ceux qui en ont le plus peuvent dire aux autres : OK, je te prête mon argent, mais je veux que tu me donnes beaucoup d'intérêts. Donc tu dois trouver un métier où tu gagnes beaucoup d'argent.

– Et ça devient l'obsession de tout le monde de gagner de l'argent…

Ciran m'a regardée avec admiration.

– Exactement !

– Et c'est pour ça que vous vous levez tous les matins ? j'ai lancé à Papa et Maman. Pour rendre les riches plus riches et rembourser les intérêts ?

Ils ont eu l'air offusqué.

– Pas du tout ! On se lève tous les matins parce qu'il faut bien travailler, acheter à manger, payer le loyer…

– Mais le loyer, ce sont des intérêts, en fait !

– Je suis épaté, Lou ! a dit Ciran. Oui, c'est un peu comme des intérêts. C'est quelqu'un plus riche que toi qui te prête son appartement et, en échange, te demande de l'argent.

– Alors qu'il n'en a pas besoin puisqu'il a deux maisons !

– On peut dire ça. Il pourrait juste te faire payer les réparations pour que son appartement reste en bon état…

– On est en plein délire communiste ! a éructé Papa.

– Et pourquoi ? a répondu Maman. Les gens pourraient juste avoir envie de partager ! À partir du moment où ils considèrent qu'ils ont tout ce qu'il faut, ils pourraient donner aux autres, ce n'est quand même pas un crime !

Pablo nous regardait depuis un moment sans rien dire, et tout d'un coup, il s'est réveillé.

– Mais alors, sur l'île, ils n'ont plus d'argent ?

– Si, ils ont toujours de l'argent, mais plus de banquier.

– Alors comment ils font ?

– Ils sont leurs propres banquiers… comme ce qu'on fait ici…

À Bristol, ils ont décidé de créer leur propre argent, tout seuls, sans les banques. C'est de l'argent sans intérêt, alors il y en a toujours assez qui circule. Et ils peuvent l'utiliser pour faire les choses qu'ils trouvent les plus importantes. Cet argent, on ne peut l'utiliser que dans la ville. Dans celle d'à côté, il ne vaut rien du tout. Et on peut payer avec uniquement chez des commerçants qui habitent Bristol. On se demandait pourquoi.

– Dans l'économie d'aujourd'hui, quand tu vas faire tes courses dans une chaîne de magasins, l'argent ne reste pas dans la ville.

– C'est quoi, une chaîne ?

– C'est un ensemble de magasins qui sont tous pareils et qu'on trouve dans des villes différentes : les supermarchés, beaucoup de magasins de vêtements, de téléphones. Et ces magasins appartiennent à des "actionnaires".

– Et ça, c'est quoi ? a demandé Pablo.

– On pourrait dire que ce sont des gens qui prêtent de l'argent aux entreprises et qui, en échange, leur demandent des intérêts. Souvent, les entreprises veulent gagner beaucoup d'argent et elles se fichent de savoir comment. Alors elles paient mal leurs employés, elles font fabriquer leurs produits sans faire attention à la nature, parfois par des enfants à l'autre bout du monde.

– Hein ? a braillé Pablo. Ils fabriquent quoi, les enfants ?

– Pas mal de choses : ça peut être tes baskets, tes vêtements en général, ça peut être des choses que tu manges, ou ton téléphone...

SU

– Mais c'est horrible !

– Oui, mais tu ne vois pas tout ça quand tu l'achètes.

– Et c'est quoi, le rapport avec votre monnaie ?

– Quand tu achètes dans ces chaînes, ton argent va aller aux actionnaires pour rembourser les intérêts, et ils vont le mettre dans leur banque. Alors que si tu achètes dans un magasin local, qui appartient à quelqu'un d'ici, l'argent continuera à circuler et il profitera à plus de monde.

– On en est sûr de ça ? a demandé Papa.

– Oui, il y a beaucoup d'études qui montrent que quand vous faites vos courses dans un magasin local et indépendant, vous créez trois fois plus d'emplois que si vous allez dans une chaîne.

– Ah bon ? Donc quand on va au supermarché, on détruit des emplois ?

– Vous ne le faites pas exprès, mais oui.

– Non, mais j'en peux plus, moi... On va aller faire nos courses où maintenant ?!

– Dans de petits magasins ! Ici, comme on ne peut utiliser notre monnaie que dans des magasins locaux et indépendants, ça empêche que l'argent s'échappe. Mais si on veut acheter des choses qui viennent d'ailleurs, on garde la monnaie habituelle.

– Vous avez les deux en même temps ?

– Oui, bien sûr. Si tu as plusieurs monnaies : une pour ta ville, une pour ton pays, une pour le monde, tu partages le pouvoir. Tu en donnes aux gens de ta ville pour maintenir une économie là où ils vivent, et tu ne laisses pas tout le pouvoir aux banques et aux très grandes entreprises.

– C'est un peu comme dans la nature en fait… Il faut de la diversité…

– Moi, Lou, je t'engage demain, tu as déjà tout compris !

Dans l'avion qui repartait d'Angleterre, Papa et Maman continuaient à se disputer à propos de l'économie.

Papa disait des trucs comme : "Mais si on n'a pas de croissance, tu vas aller les chercher où, tes emplois ?"

Et Maman répondait : "Et quand on aura coupé tous les arbres, épuisé toutes les ressources, tu vas aller la chercher où, ta croissance ?"

Je ne comprenais pas tout. Ce que j'avais pigé, c'est que l'argent, ça rend fou. Ciran nous avait dit que l'important, c'est que les gens décident eux-mêmes. Et que pour l'instant, c'étaient plutôt les banques, les grandes entreprises et les politiques qui décidaient pour eux. Et il nous a parlé d'un endroit en Inde où ils essayaient de changer ça.

L'Inde, c'est vraiment un gros bazar. Dans la rue il y a des voitures, des motos et des gens partout. Et parfois, même des vaches ! On a atterri dans une très grande ville qui s'appelle Chennaï, où il y a quatre fois plus d'habitants qu'à Paris. Dans toute l'Inde, il paraît qu'ils sont un milliard de gens. Papa me disait que cela représentait un septième de l'humanité (pour me faire réviser mes fractions), Maman me disait que c'était quinze fois plus qu'en France. En tout cas, il y avait plus de personnes que je n'en avais vu dans toute ma vie ! Et j'ai compris ce que Ciran nous disait sur les gens qui avaient beaucoup d'argent, et d'autres pas du tout. En Inde, ils ont beaucoup moins de choses que chez nous… On n'est pas restés très longtemps dans la grande ville. Rapidement, on a pris un petit car pour rejoindre un village à environ une heure de route. Ils appellent ça un village, mais ils sont quand même 6 500 habitants…

Elango est l'ancien maire de Kutthambakkam (c'est le nom du village). Il a la peau toute noire, une raie sur le côté et une moustache. Au début il avait l'air vraiment sérieux, mais en fait il est plutôt marrant. Il a beaucoup parlé avec Papa et Maman qui galéraient pour comprendre ce qu'il disait. Mais au bout d'un moment, ils se sont tournés vers nous, les yeux tout brillants. Parce que l'histoire d'Elango est incroyable.

Est-ce que vous pourriez imaginer que personne n'ait le droit de vous toucher ou même de vous donner un verre d'eau ? Ce serait horrible ! Eh bien, c'est ce qui est arrivé à Elango. En Inde, ils appellent les gens comme lui des "intouchables". Les parents m'ont expliqué qu'avant, il y avait un truc qui s'appelait les castes. Quand tu naissais, tu faisais partie de la caste des prêtres (apparemment, c'était la meilleure) ou bien des guerriers, ou des commerçants… Il y en avait quatre, de la meilleure à la moins bien. Et tout en bas, c'étaient les intouchables. Au début, c'est parce qu'ils faisaient des métiers que les autres trouvaient sales, comme tuer les animaux, les découper, leur enlever la peau et les boyaux. Mais après c'est resté : si ton père ou ta mère était intouchable, tu l'étais aussi. Tu étais un moins que rien, personne ne te parlait, les gens s'éloignaient de toi comme si tu avais une maladie ! Aujourd'hui c'est interdit, mais dans les campagnes, ça existe encore.

Quand Elango était enfant, il en a sacrément bavé et il s'est bien rendu compte qu'il y avait quelque chose qui clochait. Il s'est dit qu'un jour, il allait changer tout ça. Et, croyez-moi ou non, il a réussi à le faire... Il a commencé par bien travailler à l'école et il est devenu chimiste (Papa a spécialement articulé cette partie-là : "bien – travailler – à – l'école"). Ensuite, il est parti habiter à Chennaï et il a gagné plein d'argent. Mais il était quand même malheureux parce que, ce qu'il voulait, c'était changer son village. Alors il a démissionné et il est rentré à Kutthambakkam. Et il a réussi à se faire élire maire. Sûrement parce qu'il avait un bon métier et de l'argent – c'est ce que pense Papa.

À ce moment-là, les hautes castes ont commencé à avoir la trouille qu'Elango se venge d'eux et leur fasse la vie impossible (moi, c'est ce que j'aurais fait...). Mais Elango, qui apparemment était moins stupide qu'eux ou moi, avait une autre idée. Il se disait que si on mettait les gens tous ensemble et qu'on les laissait décider comment ils voulaient vivre, les choses marcheraient mieux. Et c'est ce qui s'est passé.

Après avoir été élu, il a rassemblé tous les habitants et il leur a expliqué ce qu'il voulait faire. Ils ont appelé ces réunions les "assemblées citoyennes", où chacun pouvait donner son avis. Ensemble, ils ont élaboré un programme qui résoudrait tous les problèmes du village. Et il y en avait pas mal...

Quand tout le monde s'est bien mis d'accord, Elango a proposé à tous les habitants de se mettre au travail. D'habitude, m'a expliqué Papa, les gens attendent que la mairie fasse tout, et ensuite se plaignent que ça ne va pas assez vite ou que ce n'est pas assez bien. En tout cas, lui, c'est ce qu'il fait... Mais ici, à Kutthambakkam, ils ont commencé à tout changer. En quelques mois, ils ont réparé l'école, et tous les enfants qui n'y mettaient jamais les pieds ont pu y aller tous les jours. C'est quand même dingue, ces endroits où les enfants veulent absolument aller à l'école ! La mairie a installé des lampadaires dans les rues et tout un tas de poubelles. Les habitants ont pu nettoyer la ville de toutes ses ordures. Et en Inde, il y en a vraiment partout. La tête que ferait Robert s'il venait…

Ensuite, Elango s'est occupé des gens qui n'avaient pas de travail. Il a réussi à trouver de l'argent pour que tous ceux qui le voulaient puissent créer des entreprises. Au début c'étaient surtout les femmes (Maman dit que c'est normal parce qu'elles sont moins bêtes et plus courageuses). Au bout d'un moment, avec les sous qu'elles ont gagnés, elles ont fait une sorte de petite banque pour prêter de l'argent à toutes les autres femmes qui en avaient besoin, sans intérêt. Ciran aurait été drôlement content ! Mais ils ne se sont pas arrêtés là.

Dans le village, il y avait encore un endroit où vivaient les intouchables et où les autres castes n'allaient pas. En Inde, il y a beaucoup de bidonvilles, surtout près des grandes villes. Au lieu d'avoir de vraies maisons, les gens vivent dans des sortes de cabanes avec des toits et des murs en tôle. Ils les construisent avec ce qu'ils trouvent. Ça peut être de vieux bouts de bois, ou des morceaux de parpaings, ou de la terre. Quand on en a vu à Chennaï, je n'arrivais pas à croire que des humains habitaient là-dedans. Tout était sale, en mauvais état, les maisons étaient collées les unes aux autres, et il n'y avait que de tout petits chemins de terre couverts d'ordures. J'ai vu des enfants de mon âge avec des vêtements déchirés, tachés, et même pas de chaussures. Ils nous faisaient de grands sourires et nous proposaient d'aller jouer avec eux. Moi, j'avais un peu honte quand je pensais à toutes les choses qu'on avait chez nous et qui ne nous servaient à rien.

Dans le village d'Elango, les intouchables vivaient dans des endroits comme ça. Alors il a réuni l'assemblée citoyenne pour parler de ce problème. Et les habitants ont décidé de tous travailler ensemble pour leur construire de vraies maisons. Même ceux qui ne parlaient pas aux intouchables. En quelques mois, ils en ont fait plus de cent cinquante, assez jolies et très colorées. Pour remercier tout le monde, les intouchables ont creusé eux-mêmes les égouts et ils ont réparé les routes et les puits de la ville. En voyant ça, Elango s'est dit que le moment était peut-être venu de faire vivre ensemble les intouchables et les autres castes dans les mêmes quartiers. Au début, les gens ont pensé qu'il était fou, mais ils en ont parlé dans les assemblées citoyennes et, finalement, tout le monde a été d'accord pour essayer. Pour la première fois en Inde, ils ont construit un quartier avec cinquante grandes maisons coupées en deux : une famille d'intouchables vit d'un côté, et une famille d'une caste différente de l'autre. C'était tellement incroyable que des gens de toute la région sont venus voir, et d'autres villages ont décidé de faire pareil. En tout, ils ont construit trois cents maisons "jumelles", comme ils les appellent.

Là-bas, ils adorent tous Elango. Même s'il dit que ce n'est pas lui qui a fait tout ça. Que ce sont les gens. Et que si chacun arrêtait de penser simplement à soi et qu'on essayait de se mettre ensemble pour résoudre tous les problèmes, on pourrait changer le monde…

– Alors, vous voyez bien que les gens ne sont pas si crétins que ça, j'ai dit à Papa et Maman en repartant.

Papa avait toujours l'air sceptique.

– Chez nous, les gens ne sont pas comme ça. Ils ne pensent vraiment qu'à eux…

– Tu veux dire les gens comme nous ? a demandé Maman.

Papa a fait la grimace, mais il n'a pas commencé à se bagarrer comme d'habitude.

– Oui, un peu comme nous…

Et Maman lui a fait un gros bisou. Je ne suis pas sûre que je les comprendrai un jour, les parents…

– Ce qu'il faudrait, c'est apprendre aux enfants à faire tout ce qu'on a vu chez Charles et Perrine, Else, Robert, Ciran, Elango… Comme ça quand ils deviendront adultes, on n'aura plus tous ces problèmes…

C'est Pablo qui a dit ça. Comme quoi il s'améliore, mon frère…

Kari, c'est le directeur d'une école géniale qu'on a visitée en Finlande. Papa et Maman ont beaucoup hésité parce que Maman voulait aller dans une école Montessori ou Steiner, mais Papa disait que c'étaient des écoles pour les riches, et que c'était peut-être très bien, mais s'il emmenait SES enfants voir une école, ce serait une école PUBLIQUE, un point c'est tout. Alors on a atterri ici.

Au début, je m'attendais à ce qu'on soit au milieu des forêts ou dans une vieille ville très belle, comme sur les photos de la Finlande que j'avais vues sur Internet. Mais j'étais un peu déçue. Ça ressemblait plutôt à des cités avec de grands immeubles tout gris et moches, et presque pas de magasins. Plus tard, Kari nous a expliqué que l'école était dans un quartier assez pauvre et que la moitié des élèves venaient d'autres pays. Pourtant, l'école était super belle, grande, avec d'immenses baies vitrées, et tout était tellement propre que ça brillait. Il y avait des couleurs partout : les élèves eux-mêmes étaient de toutes les couleurs, leurs vêtements étaient roses, verts, jaunes, bleus... Ça me faisait penser à ce que Ciran et Perrine nous disaient sur la diversité. Ici, j'avais l'impression d'en voir plein, de la diversité. Dans l'école, il y avait plus de cinq cents élèves mais on n'entendait jamais de brouhaha comme dans la mienne. Pourtant, ils avaient l'air de s'amuser...

Kari nous a d'abord emmenés voir des classes. Les élèves lui sautaient dans les bras quand ils le croisaient dans les couloirs. Les plus grands lui faisaient des blagues et ils rigolaient ensemble. Dans mon école, ça ne se passe pas exactement comme ça ! En entrant dans la salle de classe, j'ai eu un choc. Ils étaient en cours d'anglais, les enfants devaient avoir à peu près mon âge, ils étaient douze avec deux profs. Je regardais partout et j'ai fini par demander à Kari où étaient les autres élèves. "Quels autres élèves ?" il m'a répondu en montrant toutes ses dents. C'est vraiment un comique, ce Kari. Il a fini par me dire que les classes étaient divisées en deux pour beaucoup de matières.

– C'est qui le second prof ?

– C'est un professeur assistant.

– Il sert à quoi ?

– À aider le professeur principal et les élèves... Par exemple, quand certains viennent d'autres pays et qu'ils ne parlent pas finnois, il leur fait la traduction. Quand ils ont vraiment des difficultés, ils passent plus de temps avec lui. Comme ça, ça ne ralentit pas les autres qui ont déjà compris. Moins il y a d'élèves, et plus on peut passer du temps avec chacun.

– Ça doit coûter très cher, non ? a demandé Papa.

– Nous dépensons plus pour avoir davantage de professeurs, mais nous économisons ailleurs. Par exemple, nous ne faisons jamais redoubler un élève. Avec cette méthode, ils apprennent plus vite. Et puis, nous n'avons personne pour venir contrôler les classes, pas d'inspecteur...

– Ah... Et ici personne ne vérifie, alors ?

– Non. On passe beaucoup de temps à former les professeurs, ils s'entraînent dans de vraies classes pendant plusieurs années, et ensuite on peut les laisser faire, on a complètement confiance…

On est allés dans d'autres classes pour voir comment ça se passait. Les enfants apprenaient tout un tas de choses qu'il n'y a pas dans notre école. Ils faisaient des maths, de l'histoire ou de la grammaire, comme nous, mais ils apprenaient aussi à tricoter, à coudre, à fabriquer des vêtements, à travailler le bois, le métal, le cuir, à construire des objets, à laver leur linge, à ranger, à nettoyer, à cuisiner, à dessiner, à peindre, à jouer d'un instrument… Les parents se disaient que ce serait super si on apprenait ça, nous aussi, alors je n'ai pas trop posé de questions, pour éviter qu'on s'éternise sur le sujet. Mais Kari a remis ça sur le tapis.

– Avec ces cours, les enfants savent se débrouiller quand ils quittent leurs parents. Et ça leur donne des vocations ! Ici, la moitié des élèves qui sortent de l'école font des métiers manuels, et les autres vont à l'université.

– C'est pas pour les élèves qui travaillent mal, les métiers manuels ? La grande sœur de ma meilleure copine a été obligée d'aller dans un lycée technique parce qu'elle avait redoublé deux fois…

– Non, ici, ce n'est pas comme ça… On considère qu'être boulanger, c'est aussi important que de travailler dans une banque…

– C'est même plus important ! Parce que l'argent, on ne peut pas le manger ! a dit Pablo à la cantonade.

Et je dois quand même avouer que celle-là, j'aurais bien aimé y penser la première !

Ensuite on est allés dans la classe de Maya. C'est vraiment la prof que tu voudrais avoir tout le temps. Elle est petite, rousse, elle ressemble à une gentille souris. Quand on est entrés, les enfants avaient un cours de science. Quelques-uns étaient assis à leurs bureaux, d'autres par terre, certains étaient à plat ventre en train de lire. Avec Pablo, on devait les regarder bizarrement parce que Maya est venue nous voir pour nous demander ce qui nous étonnait tant que ça. Quand on lui a dit, elle a rigolé.

– Quand j'étais enfant, cela se passait comme chez vous. Chacun de nous était assis à son bureau et devait se tenir tranquille pendant que le professeur parlait. Maintenant on ne fait plus comme ça. On fait en sorte que chaque élève se sente bien, comme ça il pourra apprendre plus facilement. Ensuite, on tient compte des différences, donc on s'adapte à chacun. Il y en a qui apprennent mieux en lisant ou en écoutant, d'autres en faisant des expériences avec leurs mains, d'autres au contact de la nature...

– Chez nous, ce n'est pas vraiment comme ça. La maîtresse donne une fois les instructions pour tout le monde et si on n'y arrive pas, on a une mauvaise note.

– Oui, mais vous êtes nombreux dans vos classes...

– Vingt-neuf...

– Un seul prof ne peut pas accompagner autant d'élèves en un seul cours, c'est impossible... C'est pour ça qu'on a des assistants et qu'on prend moins d'élèves par classe.

– Vous avez des problèmes de discipline ? a demandé Papa.

C'est Kari qui a répondu :

– Bien sûr. Toutes les écoles du monde ont des problèmes de discipline.

– Et qu'est-ce que vous faites ?

– Nous parlons avec les enfants, nous essayons de comprendre ce qui ne va pas. Si c'est un problème personnel, ou si c'est parce que la classe ne fonctionne pas bien. Nous cherchons ensemble des solutions…

– Et vous croyez vraiment que ça peut marcher ?

– Ça ne marche pas toujours, mais la plupart du temps, oui… Nous essayons au maximum d'éviter les punitions. Nous ne voulons pas que les enfants agissent par peur d'être punis, nous préférons qu'ils comprennent pourquoi il est préférable d'avoir telle ou telle attitude. Et qu'ils prennent des décisions par eux-mêmes. Si nous voulons en faire des adultes responsables, qui respectent les autres et qui respectent la nature, il faut d'abord qu'ils se sentent respectés, et suffisamment en sécurité pour faire de vrais choix qui ne soient pas motivés par la peur ou la colère…

Les parents écoutaient Kari, et quand il s'est arrêté, ils se sont tournés vers nous. On n'arrivait plus à s'arrêter de sourire…

Sur le chemin du retour, j'avais des images plein la tête, plein d'idées, l'impression d'avoir compris un tas de choses. Je me disais... que les gens sont obsédés par l'argent et que je n'aimerais pas devenir comme ça quand je grandirai. Qu'on a besoin de diversité, comme dans la nature, parce que nous aussi, nous sommes la nature. Que plus tard, je veux faire un métier qui me plaît, et pas me lever tous les matins pour rembourser des intérêts à la banque. Qu'on va définitivement manger bio à la maison. Qu'il faut que je demande à Papa de réparer mon vélo. Qu'à l'école, on va vraiment faire ce potager dont j'avais parlé à Gaspard. Qu'on pourrait même prendre des sacs en plastique, emmener toute la classe et aller ramasser les ordures dans le bois de Vincennes. Et construire des bacs de compostage dans la cour, et... Que la maîtresse va se demander si c'est vraiment moi qui dis tout ça...

D'ailleurs, je ne suis pas la seule. Papa s'est mis à passer moins de temps devant son ordinateur. Le dimanche, il nous emmène plus souvent au bois avec le vélo qu'il s'est acheté pour aller au travail. Il cuisine de vrais légumes qu'on épluche tous ensemble. Maman a trouvé un paysan qui vend des paniers tous les mercredis soir. Un jour on est même allés dans sa ferme. Pablo a rassemblé tous ses jouets qu'il avait entassés dans son placard et qui ne lui servaient plus à rien, et on est allés les donner à une association qui les trie et les distribue à d'autres enfants. Maman a regardé toutes les étiquettes : celles des gels douche, des shampoings, du produit vaisselle, des crèmes, et elle a mis dans un carton tous les produits contenant des substances chimiques dangereuses. Maintenant, elle prend des trucs bios, ou parfois, elle fait ses crèmes elle-même. Ce n'est pas encore très au point, mais on rigole bien.

On aime toujours manger les pizzas du livreur devant la télé, un peu de viande et quelques cochonneries (enfin, moins quand même), on porte toujours des vêtements fabriqués je ne sais où (surtout moi), on prend toujours l'avion et la voiture, mais peut-être qu'un jour, on le fera moins ; et peut-être qu'un jour, on ne le fera plus du tout. Ou que des gens auront inventé des avions qui volent à l'énergie solaire et des voitures qui roulent avec de l'eau. Parce que, je vous le dis, cette histoire n'est pas près de se terminer. Bientôt, on sera plein d'enfants à savoir toutes ces choses et on les racontera aux adultes (même à ceux qui s'en fichent). Et dans quelques années, les adultes, ce sera nous. En se mettant tous ensemble, on pourra faire des choses incroyables et réparer la planète. Parce que le monde de demain, c'est le nôtre. Non mais sans blague !

Si, vous aussi, vous voulez commencer à faire des trucs, j'ai pris quelques petites notes dans mon carnet pendant tout le voyage.

MANGER

– Dire aux parents d'acheter de la nourriture bio et de proposer moins de viande.
– Manger de la viande seulement si les animaux vivaient dehors (le mieux, c'est de manger de la viande bio, parce que là, c'est sûr).
– Choisir de la nourriture qui vient d'à côté de chez vous (plus ça vient de loin, plus ça envoie de gaz dans l'atmosphère) quand c'est possible (pour le chocolat, c'est mort, je vous le dis tout de suite).
– Arrêter d'aller au supermarché (ou seulement quand c'est obligé).

BOUGER

– Prendre moins la voiture et plus le vélo (ou bien marcher).
– Ne pas prendre l'avion toutes les cinq minutes (raté pour cette fois...).
– Voir avec Papa si on peut acheter une voiture hybride, comme Robert. Ou alors se débarrasser de la voiture et en partager une avec les voisins.

RECYCLER

– Mettre une poubelle à compost dans la cuisine.

– Essayer de faire un compost au pied de l'immeuble (si vous avez un jardin, c'est encore plus facile).

– Bien tout recycler.

– Acheter moins de choses et les réparer au lieu de les jeter.

ACHETER

– Dire à Papa et Maman d'aller moins dans les chaînes et plus dans des magasins indépendants (il va falloir faire une liste !).

– Regarder d'où viennent les choses et savoir comment elles ont été fabriquées : si des enfants ou des gens qu'on paie super mal les ont fabriquées, on laisse tomber ; si c'est plein de produits toxiques, on n'achète pas ; si ça ne va pas au recyclage, on laisse tomber aussi.

Léo à sa fenêtre

Léo pensif à sa fenêtre
Ce soir n'a pas le cœur à rire
Trop de choses dans sa petite tête
Tant de questions et de soupirs.

On dirait que la lune s'en fout
Tout comme les étoiles dans le ciel.
Le monde sous ses yeux paraît flou
Comme son dessin couleur pastel.

Il se demande, et c'est normal,
Qu'est-ce que ça fait de devenir grand ?
D'abord est-ce que ça va faire mal ?
Est-ce que adulte, c'est plus marrant ?

Ils prennent la terre pour une poubelle.
Ils font souvent n'importe quoi.
Mais si la terre est éternelle
Les hommes, eux, ne le sont pas.

Au bord de sa fenêtre s'est posé
un oiseau.

Il se dit chouette un étourneau
Lui qui traverse les nuages
Lui qui navigue au fil de l'eau
Que retient-il de ses voyages ?

"Tu sais le monde ne tourne plus rond.
Je vois les forêts se détruire
Les champs ont tous la même couleur
Je vois tous les poissons souffrir
Et les animaux sont en pleurs.

Les hommes plus forts que la nature
C'est bien une idée d'ici-bas.
Je te le dis je te le jure
Il y a des choses qu'on ne change pas."

Vient s'inviter à la fenêtre
Une fourmi rouge assez coquette :

"Pardon oiseau mais je t'entends
Tu n'as pas tort, je te défends.

Mais je pense à l'esprit inquiet
de l'enfant qui regarde la lune
Et je me dis qu'il faut trouver
Plutôt deux solutions qu'une.

Parmi tes voyages dans le ciel
Tu n'as pas vu quelques gens bien ?
Des hommes qui rêvent d'une vie
plus belle
D'une vie plus douce pour demain ?

L'oiseau réfléchit, ne dit mot.
Léo est triste son cœur est gros.
La fourmi voudrait les aider.
Débarque alors une araignée.

"Moi j'en ai vu des solutions.
J'ai vu des hommes qui étaient bons.
Petit Léo, ne t'inquiète pas
Ne sois pas triste écoute-moi.

J'ai rencontré un ver de terre
Qui travaille dans une ferme bio
Avec des hommes qui savent y faire
Qui prennent soin des animaux.

Il m'a dit : « Pas de pesticides,
Pas de tracteurs, pas de pétrole,
Et encore moins de pluies acides
Je travaille dans les herbes folles.

On aime les fruits et les insectes
Et puis l'odeur de la rosée
C'est un endroit que l'on respecte.
C'est magique la diversité. »

Je connais aussi un castor
Qui vivait près d'une centrale
Qui polluait faisait du tort
et les gens trouvaient ça normal.

Il a dit : « Stop, j'en ai ma claque
Je fais ma valise je déménage.
Salut tout le monde je change de lac.
Toutes ces bêtises moi j'ai plus l'âge. »

Il a trouvé son paradis
Un peu de vent, de terre et d'eau,
Et le soleil comme énergie,
Ça marche, c'est simple et c'est cadeau.

L'homme avec la technologie
A oublié l'humilité.
La sagesse la force de la vie
Tout est dans la diversité.

« L'économie c'est la même chose,
M'a raconté un escargot.
Au lieu de faire une petite pause
On en veut plus, plus vite, plus gros.

On empile on jette on rachète
On adore les grands magasins.
J'pourrais pas vivre sans ces baskets
Si je ne les ai pas ? Je me tue je te
préviens ! »

Pour finir j'ai vu une cigogne
Qui a passé toute sa vie
À enseigner dans une école
Élémentaire pour colibris.

Le colibri c'est l'oiseau qui
A le plus gros cœur tu savais ?
Ma pote cigogne tu sais ce qu'elle dit ?
Si t'as un gros cœur c'est parfait."

Plus on apprend tôt aux enfants
À être tendre, libre et honnête
Plus il y a des chances qu'en devenant
grands
Ils fassent du bien à la planète.

Léo a retrouvé le sourire.
Il remercie tous ses amis.
Une fois seul juste avant de dormir
Il fait une promesse à la vie.

"En grandissant je ne dois jamais
Oublier fourmis et oiseaux,
Les castors, les araignées
Les vers de terre, les escargots.

En grandissant je ne veux jamais
Aller trop vite, perdre la tête
Amasser mille et un objets
Au lieu d'aller à ma fenêtre.

Regarder la Lune qui s'en fout
Les étoiles qui sont dans le ciel.
Devenir grand oui mais avec tout
Plein de questions en ribambelle."